Verordnung über die Prüfung zum anerkannten Abschluss Geprüfter Tierpflegemeister / Geprüfte Tierpflegemeisterin

Outlook

Verordnung über die Prüfung zum anerkannten Abschluss Geprüfter Tierpflegemeister / Geprüfte Tierpflegemeisterin

1. Auflage | ISBN: 978-3-73261-388-5

Erscheinungsort: Paderborn, Deutschland

Outlook Verlag GmbH, Paderborn.

Text der Verordnung über die Prüfung zum anerkannten Abschluss Geprüfter Tierpflegemeister / Geprüfte Tierpflegemeisterin.

Verordnung über die Prüfung zum anerkannten Abschluss Geprüfter Tierpflegemeister / Geprüfte Tierpflegemeisterin

TierpflMstrV 2009

Ausfertigungsdatum: 16.03.2009

Vollzitat:

"Verordnung über die Prüfung zum anerkannten Abschluss Geprüfter Tierpflegemeister/Geprüfte Tierpflegemeisterin vom 16. März 2009 (BGBl. I S. 513)"

Eingangsformel

Auf Grund des § 53 Absatz 1 in Verbindung mit Absatz 2 des Berufsbildungsgesetzes vom 23. März 2005 (BGBl. I S. 931), dessen Absatz 1 durch Artikel 232 Nummer 3 Buchstabe a der Verordnung vom 31. Oktober 2006 (BGBl. I S. 2407) geändert worden ist, verordnet das Bundesministerium für Bildung und Forschung nach Anhörung des Hauptausschusses des Bundesinstituts für Berufsbildung im Einvernehmen mit dem Bundesministerium für Wirtschaft und Technologie:

§ 1 Ziel der Prüfung und Bezeichnung des Abschlusses

(1) Zum Nachweis von Fertigkeiten, Kenntnissen und Fähigkeiten, die durch die berufliche Fortbildung zum Geprüften Tierpflegemeister/zur Geprüften Tierpflegemeisterin erworben worden sind, kann die zuständige Stelle Prüfungen nach den §§ 2 bis 9 durchführen.
(2) Durch die Prüfung ist festzustellen, ob die notwendigen Qualifikationen zum Geprüften Tierpflegemeister/zur Geprüften Tierpflegemeisterin vorhanden sind, um als Führungskraft zwischen Planung und Ausführung die Verantwortung für die Verwirklichung tierpflegerischer, wirtschaftlicher und sozialer Zielsetzungen unter Berücksichtigung der Anforderungen des Tier- und Artenschutzes zu tragen und folgende Aufgaben wahrzunehmen:
1. Planen, Koordinieren und Unterweisen tierpflegerischer Tätigkeiten von Mitarbeitern und Mitarbeiterinnen;
2. Mitwirken an Entscheidungsprozessen bei der Planung von Baumaßnahmen, technischen Einrichtungen und Anlagen; Einrichten von Arbeitsstätten; Gestalten von

3. Arbeitsplätzen; Veranlassen der Instandhaltung und Verbesserung der Betriebsmittel; Ergreifen von Maßnahmen zur Vermeidung und Behebung von Betriebsstörungen;

3. Mitwirken bei Stellenbesetzungen; Planen des Personaleinsatzes; Planen, Koordinieren und Kontrollieren von Arbeitsabläufen, insbesondere im Hinblick auf Zeitmanagement und kostenbewusstes Handeln; Überwachen der Kostenentwicklung; Beschaffen, Lagern und Disponieren von Material und Betriebsmitteln; Gewährleisten der Einhaltung von Arbeitssicherheits-, Umwelt- und Gesundheitsvorschriften sowie fachbezogener Rechtsvorschriften; Mitwirken bei der Entwicklung von Qualitätsstandards, Anwenden und Gewährleisten ihrer Einhaltung; Koordinieren der Zusammenarbeit mit anderen Arbeitsbereichen und übergeordneten Stellen; Organisieren und Optimieren von Kundenkontakten;

4. Führen von Mitarbeitern und Mitarbeiterinnen und Fördern ihrer Motivation entsprechend den Unternehmenszielen; Fördern von Kooperation und Kommunikation zwischen und mit den Mitarbeitern und Mitarbeiterinnen; Beherrschen von Kommunikation und Konfliktmanagement; Delegieren von Aufgaben unter Berücksichtigung der jeweiligen Qualifikation, Leistungsfähigkeit und Eignung; Verantworten der Ausbildung zugeteilter Auszubildender; Einführen neuer Mitarbeiter und Mitarbeiterinnen in ihren Arbeitsbereich; Beurteilen von Einzelnen und Gruppen; Fördern systematischer Weiterbildung und Personalentwicklung.

(3) Die erfolgreich abgelegte Prüfung führt zum anerkannten Abschluss „Geprüfter Tierpflegemeister/Geprüfte Tierpflegemeisterin".

§ 2 Zulassungsvoraussetzungen

(1) Zur Prüfung im Prüfungsteil „Grundlegende Qualifikationen" ist zuzulassen, wer Folgendes nachweist:
1. eine mit Erfolg abgelegte Abschlussprüfung in dem anerkannten Ausbildungsberuf „Tierpfleger/Tierpflegerin" oder
2. eine mit Erfolg abgelegte Abschlussprüfung in einem der Tierpflege verwandten anerkannten Ausbildungsberuf und danach eine mindestens einjährige Berufspraxis oder
3. eine mit Erfolg abgelegte Abschlussprüfung in einem sonstigen anerkannten Ausbildungsberuf und danach eine mindestens zweijährige Berufspraxis oder
4. eine mindestens vierjährige Berufspraxis.

(2) Zur Prüfung im Prüfungsteil „Handlungsspezifische Qualifikationen" ist zuzulassen, wer Folgendes nachweist:
1. das Ablegen des Prüfungsteils „Grundlegende Qualifikationen", der nicht länger als fünf Jahre zurückliegt, und
2. mindestens ein Jahr Berufspraxis im Fall des Absatzes 1 Nummer 1 oder ein weiteres Jahr Berufspraxis zu den in Absatz 1 Nummer 2 bis 4 genannten Zulassungsvoraussetzungen.

(3) Die Berufspraxis nach den Absätzen 1 und 2 soll wesentliche Bezüge zu den Aufgaben eines Geprüften Tierpflegemeisters/einer Geprüften Tierpflegemeisterin nach § 1 Absatz 2 beinhalten.
(4) Abweichend von den Absätzen 1 und 2 kann zur Prüfung auch zugelassen werden, wer durch Vorlage von Zeugnissen oder auf andere Weise glaubhaft macht, dass Fertigkeiten, Kenntnisse und Fähigkeiten erworben wurden, die die Zulassung zur Prüfung rechtfertigen.

§ 3 Inhalt und Gliederung der Prüfung

(1) Die Qualifikation zum Geprüften Tierpflegemeister/zur Geprüften Tierpflegemeisterin umfasst:
1. Grundlegende Qualifikationen,
2. Handlungsspezifische Qualifikationen,
3. Berufs- und arbeitspädagogische Qualifikationen.

(2) Die Prüfung gliedert sich in die Prüfungsteile:
1. Grundlegende Qualifikationen und
2. Handlungsspezifische Qualifikationen.

(3) Der Prüfungsteil nach Absatz 2 Nummer 1 ist schriftlich in Form von anwendungsbezogenen Aufgaben nach § 4 zu prüfen.
(4) Der Prüfungsteil nach Absatz 2 Nummer 2 ist schriftlich in Form von Situationsaufgaben, mündlich in Form eines Fachgespräches und einer Gesprächssimulation sowie in Form einer praktischen Aufgabe nach § 5 zu prüfen.
(5) Der Erwerb der berufs- und arbeitspädagogischen Qualifikationen nach der auf der Grundlage des Berufsbildungsgesetzes geregelten Ausbilder-Eignungsverordnung in der jeweils geltenden Fassung oder einer anderen gleichwertigen öffentlich-rechtlichen Regelung ist nachzuweisen. Der Nachweis ist vor Beginn der letzten Prüfungsleistung zu erbringen.

§ 4 Grundlegende Qualifikationen

(1) Der Prüfungsteil „Grundlegende Qualifikationen" ist in folgenden Prüfungsbereichen zu prüfen:
1. Rechtsbewusstes Handeln,
2. Betriebswirtschaftliches Handeln,
3. Zusammenarbeit im Betrieb.

(2) Im Prüfungsbereich „Rechtsbewusstes Handeln" soll die Fähigkeit nachgewiesen werden, im Rahmen praxisbezogener Handlungen einschlägige Rechtsvorschriften berücksichtigen zu können. Dazu gehört, die Arbeitsbedingungen der Mitarbeiter und Mitarbeiterinnen unter arbeitsrechtlichen Aspekten zu gestalten sowie die Arbeitssicherheit, den Gesundheitsschutz und den Umweltschutz nach rechtlichen Grundlagen zu gewährleisten und die Zusammenarbeit mit den entsprechenden Institutionen sicherzustellen. In diesem Rahmen können folgende Qualifikationsinhalte geprüft werden:

1. Berücksichtigen arbeitsrechtlicher Regelungen, Richtlinien und Erlasse bei der Gestaltung individueller Arbeitsverhältnisse und bei Fehlverhalten von Mitarbeitern und Mitarbeiterinnen, insbesondere unter Berücksichtigung des Arbeitsvertragsrechts, des Tarifvertragsrechts und betrieblicher Vereinbarungen;
2. Berücksichtigen der Vorschriften des Betriebsverfassungsgesetzes und des Personalvertretungsrechts;
3. Berücksichtigen rechtlicher Regelungen, Richtlinien und Erlasse hinsichtlich der Sozialversicherungen, der Entgeltfindung sowie der Arbeitsförderung;
4. Berücksichtigen arbeitsschutz- und arbeitssicherheitsrechtlicher Regelungen, Richtlinien und Erlasse in Abstimmung mit betrieblichen und außerbetrieblichen Institutionen;
5. Berücksichtigen der Vorschriften des Umweltrechts, insbesondere hinsichtlich des Gewässer- und Bodenschutzes, der Abfallbeseitigung, der Luftreinhaltung und Lärmbekämpfung, des Strahlenschutzes und des Schutzes vor gefährlichen Stoffen;
6. Berücksichtigen einschlägiger wirtschaftsrechtlicher Regelungen, Richtlinien und Erlasse sowie des Datenschutzes.

(3) Im Prüfungsbereich „Betriebswirtschaftliches Handeln" soll die Fähigkeit nachgewiesen werden, betriebswirtschaftliche Gesichtspunkte im Rahmen praxisbezogener Handlungen berücksichtigen und volkswirtschaftliche Zusammenhänge aufzeigen zu können. Es sollen die Auswirkungen unterschiedlicher Unternehmensformen auf die eigene Aufgabenwahrnehmung analysiert und beurteilt werden können. Weiterhin soll die Fähigkeit nachgewiesen werden, betriebliche Abläufe nach wirtschaftlichen Gesichtspunkten planen, beurteilen und beeinflussen zu können. In diesem Rahmen können folgende Qualifikationsinhalte geprüft werden:

1. Berücksichtigen von ökonomischen Handlungsprinzipien unter Einbeziehung volkswirtschaftlicher Zusammenhänge und sozialer Wirkungen;
2. Berücksichtigen der Grundsätze betrieblicher Aufbau- und Ablauforganisation und der kontinuierlichen betrieblichen Verbesserung;
3. Nutzen und Möglichkeiten der Organisationsentwicklung;
4. Anwenden von Methoden der Entgeltfindung;
5. Durchführen von Kostenarten-, Kostenstellen- und Kostenträgerrechnungen sowie von Kalkulationsverfahren.

(4) Im Prüfungsbereich „Zusammenarbeit im Betrieb" soll die Fähigkeit nachgewiesen werden, Zusammenhänge des Sozialverhaltens erkennen, ihre Auswirkungen auf die Zusammenarbeit beurteilen und durch angemessene Maßnahmen auf eine zielorientierte und effiziente Zusammenarbeit hinwirken zu können. Die Fähigkeit umfasst, die Leistungsbereitschaft der Mitarbeiter und Mitarbeiterinnen zu fördern, betriebliche Probleme und soziale Konflikte zu lösen sowie Führungsgrundsätze berücksichtigen und angemessene Führungstechniken anwenden zu können. In diesem Rahmen können folgende Qualifikationsinhalte geprüft werden:

1. Beurteilen und Fördern der beruflichen Entwicklung Einzelner unter Beachtung des bisherigen Berufsweges und unter Berücksichtigung persönlicher und sozialer Gegebenheiten;
2. Beurteilen und Berücksichtigen des Einflusses von Arbeitsorganisation und Arbeitsplatz auf das Sozialverhalten und das Betriebsklima sowie Ergreifen von Maßnahmen zur Verbesserung;
3. Beurteilen von Einflüssen der Gruppenstruktur auf das Gruppenverhalten und die Zusammenarbeit sowie Entwickeln und Umsetzen von Alternativen;
4. Auseinandersetzen mit eigenem und fremdem Führungsverhalten, Umsetzen von Führungsgrundsätzen;
5. Anwenden von Führungsmethoden und -techniken einschließlich Vereinbarungen entsprechender Handlungsspielräume, um Leistungen und Zusammenarbeit der Mitarbeiter und Mitarbeiterinnen zu fördern;
6. Fördern der Kommunikation und Kooperation durch Anwenden von Methoden zur Lösung betrieblicher Probleme und sozialer Konflikte.

(5) Die Bearbeitungsdauer für die schriftlichen Aufgaben in den in Absatz 1 Nummer 1 bis 3 genannten Prüfungsbereichen soll jeweils mindestens 90 Minuten und insgesamt höchstens fünf Stunden betragen.

(6) Wurde in nicht mehr als einem der in Absatz 1 Nummer 1 bis 3 genannten Prüfungsbereiche eine mangelhafte Prüfungsleistung erbracht, ist in diesem eine mündliche Ergänzungsprüfung anzubieten. Bei einer ungenügenden Prüfungsleistung besteht diese Möglichkeit nicht. Die Ergänzungsprüfung soll in der Regel nicht länger als 20 Minuten dauern. Die Bewertung der schriftlichen Prüfungsleistung und die der mündlichen Ergänzungsprüfung werden zu einer Note zusammengefasst. Dabei wird die Bewertung der schriftlichen Prüfungsleistung doppelt gewichtet.

§ 5 Handlungsspezifische Qualifikationen

(1) Der Prüfungsteil „Handlungsspezifische Qualifikationen" ist in folgenden Handlungsfeldern zu prüfen:
1. Betriebstechnik,
2. Betriebsorganisation,
3. Führung und Personal.

(2) Die Handlungsfelder enthalten folgende Handlungsbereiche:
1. Handlungsfeld „Betriebstechnik":
   a) Planung, Beschaffung und Bau,
   b) Betrieb, Einsatz und Instandhaltung;
2.

Handlungsfeld „Betriebsorganisation":
a) Kostenwesen,
b) Anwenden von Methoden der Planung und Kommunikation,
c) Arbeits-, Umwelt- und Gesundheitsschutz,
d) Recht;

3. Handlungsfeld „Führung und Personal":
a) Personalführung,
b) Qualitätsmanagement,
c) Mitarbeiterunterweisung.

(3) Das Handlungsfeld „Betriebstechnik" umfasst folgende Qualifikationen:

1. Im Handlungsbereich „Planung, Beschaffung und Bau" soll die Fähigkeit nachgewiesen werden, beim Planen und Errichten von Tierhaltungsbereichen beratend mitwirken, diese einrichten, in Betrieb nehmen und dabei betriebswirtschaftliche Grundsätze berücksichtigen zu können; in diesem Rahmen können folgende Qualifikationsinhalte geprüft werden:
a) Mitwirken bei der Bedarfsermittlung,
b) Abstimmen mit anderen Betriebsbereichen sowie Institutionen und Geschäftspartnern,
c) Mitwirken bei der Auswahl von Betriebsmitteln,
d) Planen und Einrichten von Tierhaltungsbereichen,
e) Einrichten von Arbeitsstätten,
f) Mitwirken bei der Planung und Überwachen von Baumaßnahmen,
g) Durchführen von Funktionsprüfungen, Bewerten der Funktionsfähigkeit,
h) Erstellen von Dokumentationen und Bestandsplänen;

2. im Handlungsbereich „Betrieb, Einsatz und Instandhaltung" soll die Fähigkeit nachgewiesen werden, dass der ordnungsgemäße Betrieb von Tierhaltungsbereichen gewährleistet werden kann; dazu sollen die zweckentsprechende und sichere Verwendung von technischen Geräten und Anlagen beurteilt, Störungen, Schäden und Gefährdungspotenziale festgestellt und deren Beseitigung veranlasst werden können; in diesem Rahmen können folgende Qualifikationsinhalte geprüft werden:
a) Vorbereiten, Beurteilen und Kontrollieren von Tierhaltungsbereichen,
b)

Einleiten und Kontrollieren von regelmäßigen und ereignisorientierten Inspektionen, Dokumentieren von Ergebnissen und Beurteilen von Betriebszuständen,
c)
Kontrollieren der Aufbewahrung, Einsatzbereitschaft und Verfügbarkeit von technischen Geräten,
d)
Erstellen von Wartungsplänen sowie Einleiten, Kontrollieren und Dokumentieren von Wartungsarbeiten und Sicherstellen der Pflege von technischen Geräten,
e)
Vorbereiten, Beurteilen und Kontrollieren von Arbeitsstätten,
f)
Gewährleisten des situationsgerechten Einsatzes von Betriebsmitteln,
g)
Erfassen von Störungen, Schäden und Gefährdungspotenzialen und Einleiten von Maßnahmen zu deren Behebung,
h)
Durchführen von In- und Außerbetriebnahmen sowie Einleiten und Kontrollieren von Sanierungsmaßnahmen.

(4) Das Handlungsfeld „Betriebsorganisation" umfasst folgende Qualifikationen:

1. Im Handlungsbereich „Kostenwesen" soll die Fähigkeit nachgewiesen werden, betriebswirtschaftliche Zusammenhänge und kostenrelevante Einflussfaktoren erfassen und beurteilen zu können; die Fähigkeit umfasst, Möglichkeiten der Kostenbeeinflussung im organisatorischen und personellen Bereich aufzeigen und Maßnahmen zum kostenbewussten Handeln zu planen, zu organisieren, einzuleiten und zu überwachen; in diesem Rahmen können folgende Qualifikationsinhalte geprüft werden:
a)
Planen, Erfassen, Analysieren, Bewerten und Beeinflussen von Kosten,
b)
Überwachen und Einhalten von Budgets,
c)
Beeinflussen des Kostenbewusstseins der Mitarbeiter und Mitarbeiterinnen,
d)
Anwenden von Instrumenten der Zeitwirtschaft;

2. im Handlungsbereich „Anwenden von Methoden der Planung und Kommunikation" soll die Fähigkeit nachgewiesen werden, Projekte und Prozesse analysieren, planen und transparent machen zu können; es sollen Daten aufbereitet und entsprechende Planungstechniken eingesetzt sowie angemessene Präsentationstechniken angewendet werden können; in diesem Rahmen können folgende Qualifikationsinhalte geprüft werden:
a)
Bewerten von Planungstechniken und Analysemethoden sowie deren Anwendung,
b)
Anwenden von Präsentationstechniken,
c)
Auswählen und Anwenden von Informations- und Kommunikationsformen einschließlich des Einsatzes entsprechender Informations- und Kommunikationsmittel,
d)
Anwenden von Informations- und Kommunikationssystemen,

e)
Organisieren und Optimieren von Kontakten mit Kunden,
f)
Mitarbeiten bei der Optimierung von Ablaufstrukturen;

3. im Handlungsbereich „Arbeits-, Umwelt- und Gesundheitsschutz" soll die Fähigkeit nachgewiesen werden, einschlägige rechtliche Regelungen, Richtlinien und Erlasse in ihrer Bedeutung erkennen und ihre Einhaltung sicherstellen zu können; die Fähigkeit umfasst, Gefahren vorzubeugen, Störungen zu erkennen und zu analysieren sowie Maßnahmen zu ihrer Vermeidung und Beseitigung einzuleiten sowie sicherzustellen, dass sich Mitarbeiter und Mitarbeiterinnen arbeits-, umwelt- und gesundheitsschutzbewusst verhalten und entsprechend handeln; in diesem Rahmen können folgende Qualifikationsinhalte geprüft werden:
a)
Überprüfen und Gewährleisten der Arbeitssicherheit sowie der Einhaltung von rechtlichen Regelungen, Richtlinien und Erlassen zum Arbeits-, Umwelt- und Gesundheitsschutz im Betrieb,
b)
Fördern des Bewusstseins der Mitarbeiter und Mitarbeiterinnen bezüglich der Arbeitssicherheit und des betrieblichen Arbeits-, Umwelt- und Gesundheitsschutzes,
c)
Planen und Durchführen von Unterweisungen in der Arbeitssicherheit, des Arbeits-, Umwelt- und Gesundheitsschutzes,
d)
Planen, Vorschlagen, Einleiten und Überprüfen von Maßnahmen zur Verbesserung der Arbeitssicherheit sowie zur Reduzierung und Vermeidung von Unfällen und von Umwelt- und Gesundheitsbelastungen;

4. im Handlungsbereich „Recht" soll das Vertrautsein mit den für Umgang und Haltung von Tieren relevanten rechtlichen Regelungen, Richtlinien und Erlassen und die Fähigkeit, diese bei Ausübung der Tätigkeit berücksichtigen zu können, nachgewiesen werden; in diesem Rahmen können folgende Qualifikationsinhalte geprüft werden:
a)
Berücksichtigen von rechtlichen Regelungen, Richtlinien und Erlassen zum Tierschutz sowie Natur- und Artenschutz,
b)
Berücksichtigen von rechtlichen Regelungen, Richtlinien und Erlassen zum Gesundheitsrecht,
c)
Berücksichtigen von rechtlichen Regelungen, Richtlinien und Erlassen zum Umweltschutz,
d)
Berücksichtigen von rechtlichen Regelungen, Richtlinien und Erlassen zum Futtermittelrecht,
e)
Berücksichtigen von rechtlichen Regelungen, Richtlinien und Erlassen zum Tierkaufsrecht.

(5) Das Handlungsfeld „Führung und Personal" umfasst folgende Qualifikationen:
1. Im Handlungsbereich „Personalführung" soll die Fähigkeit nachgewiesen werden, den Personalbedarf ermitteln und den Personaleinsatz entsprechend den Anforderungen

sicherstellen zu können; dazu gehört die Fähigkeit, die Mitarbeiter und Mitarbeiterinnen nach zielgerichteten Erfordernissen durch die Anwendung geeigneter Methoden ergebnisorientiert zu verantwortlichem Handeln hinzuführen; in diesem Rahmen können folgende Qualifikationsinhalte geprüft werden:
a)
Ermitteln und Bestimmen des qualitativen und quantitativen Personalbedarfs unter Berücksichtigung technischer und organisatorischer Veränderungen,
b)
Auswahl und Einsatz der Mitarbeiter und Mitarbeiterinnen unter Berücksichtigung ihrer persönlichen Eignung und Befähigung sowie der betrieblichen Anforderungen,
c)
Koordinieren des Einsatzes von Fremdpersonal und Fremdfirmen,
d)
Mitwirken bei der Erstellung von Anforderungsprofilen, Stellenplanungen sowie Funktions- und Stellenbeschreibungen,
e)
Delegieren von Aufgaben und der damit verbundenen Verantwortung,
f)
Fördern von Motivation sowie der Kommunikations- und Kooperationsbereitschaft,
g)
Anwenden von Führungsmethoden und -mitteln zur Bewältigung betrieblicher Aufgaben und zum Lösen von Problemen und Konflikten,
h)
Beteiligen der Mitarbeiter und Mitarbeiterinnen am betrieblichen Verbesserungsprozess,
i)
Beraten, Fördern und Unterstützen von Mitarbeitern und Mitarbeiterinnen hinsichtlich ihrer beruflichen Entwicklung;

2. im Handlungsbereich „Qualitätsmanagement" soll die Fähigkeit nachgewiesen werden, die Qualitätsziele durch Anwendung entsprechender Methoden und Beeinflussung des Qualitätsbewusstseins der Mitarbeiter und Mitarbeiterinnen sichern zu können; die Fähigkeit umfasst, bei der Realisierung eines Qualitätsmanagementsystems mitwirken und zu dessen Verbesserung und Weiterentwicklung beitragen zu können; in diesem Rahmen können folgende Qualifikationsinhalte geprüft werden:
a)
Fördern des Qualitätsbewusstseins der Mitarbeiter und Mitarbeiterinnen,
b)
Anwenden von Methoden zur Sicherung und Verbesserung der Qualität,
c)
Kontinuierliches Umsetzen der betrieblichen Qualitätsmanagementziele;

3. im Handlungsbereich „Mitarbeiterunterweisung" soll nachgewiesen werden, dass der Prüfungsteilnehmer oder die Prüfungsteilnehmerin Qualifizierungsinhalte auswählen und gestalten, Methoden der Anleitung und Medien auswählen und einsetzen, Lernprozesse gestalten, auf Lernschwierigkeiten reagieren sowie Lernerfolge kontrollieren kann; in diesem Rahmen können folgende Qualifikationsinhalte geprüft werden:
a)

Vermitteln von Kenntnissen über die Biologie der Tiere, insbesondere bezogen auf Systematik, Anatomie und Physiologie sowie Ethologie,
b)
Erläutern von Anforderungen an die Tierhaltung und deren Umsetzung, insbesondere bei Unterbringung, Umweltgestaltung, Ernährung, Pflege und Zucht sowie Kennzeichnung und Transport,
c)
Vermitteln von Kenntnissen über Tiergesundheit, Hygiene und Krankheiten sowie Fördern von Fertigkeiten und Fähigkeiten bei Hygiene-, Prophylaxemaßnahmen und der Mithilfe bei tierärztlichen Maßnahmen,
d)
Erläutern von Dokumentationsvorschriften und -formen, insbesondere über das Führen von Bestandsbüchern, Anfertigen von Berichten sowie Vorbereiten von und Umgehen mit Transportunterlagen,
e)
Vermitteln von Fertigkeiten, Kenntnissen und Fähigkeiten im Bereich Arbeitssicherheit und Umweltschutz, insbesondere beim Umgang mit gefährlichen Tieren und Gefahrstoffen sowie Anwenden von Schutzmaßnahmen.

(6) Das Handlungsfeld „Betriebstechnik" ist in Form einer integrativen schriftlichen Situationsaufgabe unter Berücksichtigung der handlungsübergreifenden Qualifikationen zu prüfen. In der Situationsaufgabe sollen die Handlungsbereiche nach Absatz 3 den Kern bilden. Die Situationsaufgabe soll darüber hinaus Qualifikationsinhalte aus den Handlungsfeldern „Betriebsorganisation" sowie „Führung und Personal" mit berücksichtigen. Die Prüfungsdauer für die Bearbeitung beträgt mindestens 120 Minuten und höchstens 150 Minuten. Zusätzlich ist das Handlungsfeld „Betriebstechnik" in Form einer praktischen Aufgabe zu prüfen. Die praktische Aufgabe besteht aus je einer Situationsaufgabe aus dem Handlungsbereich „Planung, Beschaffung und Bau" sowie dem Handlungsbereich „Betrieb, Einsatz und Instandhaltung" und beinhaltet vollständige Handlungen, wie sie für die betriebliche Praxis des Geprüften Tierpflegemeisters oder der Geprüften Tierpflegemeisterin typisch sind. Die Prüfungsdauer für die praktische Aufgabe beträgt mindestens 60 Minuten und höchstens 75 Minuten.

(7) Das Handlungsfeld „Betriebsorganisation" ist in Form einer integrativen schriftlichen Situationsaufgabe unter Berücksichtigung der handlungsübergreifenden Qualifikationen zu prüfen. In der Situationsaufgabe sollen die Handlungsbereiche nach Absatz 4 den Kern bilden. Die Situationsaufgabe soll darüber hinaus Qualifikationsinhalte aus den Handlungsfeldern „Betriebstechnik" sowie „Führung und Personal" mit berücksichtigen. Die Prüfungsdauer für die Bearbeitung beträgt mindestens 150 Minuten und höchstens 180 Minuten.

(8) Das Handlungsfeld „Führung und Personal" ist in Form eines situationsbezogenen Fachgespräches und einer situationsbezogenen Gesprächssimulation unter Berücksichtigung der handlungsübergreifenden Qualifikationen zu prüfen. Im situationsbezogenen Fachgespräch sollen die Handlungsbereiche nach Absatz 5 Nummer 1 und 2 den Kern bilden und darüber hinaus Qualifikationsinhalte aus den Handlungsfeldern „Betriebstechnik" sowie „Betriebsorganisation" mit berücksichtigen. Im Fachgespräch soll die Fähigkeit nachgewiesen werden, Aufgabenstellungen analysieren, strukturieren und einer begründeten Lösung zuführen zu können. Der Lösungsvorschlag soll möglichst unter Einbeziehung von Präsentationstechniken erläutert und erörtert werden. Die Prüfungsdauer für das Fachgespräch beträgt mindestens 45 Minuten und höchstens 60 Minuten. Davon entfallen 15 Minuten auf die Gesprächsvorbereitung durch den Prüfungsteilnehmer oder die Prüfungsteilnehmerin. In der situationsbezogenen Gesprächssimulation soll der Handlungsbereich nach Absatz 5 Nummer 3 den Kern bilden und darüber hinaus Qualifikationsinhalte aus den

Handlungsfeldern „Betriebstechnik" sowie „Betriebsorganisation" mit berücksichtigen. In der Gesprächssimulation soll die Fähigkeit nachgewiesen werden, Unterweisungsgespräche mit Mitarbeitern und Mitarbeiterinnen vorbereiten, strukturieren und durchführen zu können. Die Prüfungsdauer für die Gesprächssimulation beträgt mindestens 60 Minuten und höchstens 75 Minuten. Davon entfallen 30 Minuten auf die Gesprächsvorbereitung durch den Prüfungsteilnehmer oder die Prüfungsteilnehmerin.

§ 6 Anrechnung anderer Prüfungsleistungen

Der Prüfungsteilnehmer oder die Prüfungsteilnehmerin kann auf Antrag von der Ablegung der Prüfung in einzelnen Prüfungsbereichen des Prüfungsteils „Grundlegende Qualifikationen" und in einzelnen Handlungsbereichen der Handlungsfelder des Prüfungsteils „Handlungsspezifische Qualifikationen" befreit werden, wenn in den letzten fünf Jahren vor einer zuständigen Stelle, einer öffentlichen oder staatlich anerkannten Bildungseinrichtung oder vor einem staatlichen Prüfungsausschuss eine Prüfung mit Erfolg abgelegt wurde, die den Anforderungen der entsprechenden Prüfungsinhalte nach dieser Verordnung entspricht.

§ 7 Bewerten der Prüfungsleistungen und Bestehen der Prüfung

(1) Die Prüfungsleistungen der Prüfungsteile „Grundlegende Qualifikationen" und „Handlungsspezifische Qualifikationen" sind gesondert zu bewerten.
(2) Im Prüfungsteil „Grundlegende Qualifikationen" ist eine Note aus dem arithmetischen Mittel der Punktebewertungen der Leistungen in den einzelnen Prüfungsbereichen zu bilden.
(3) Im Prüfungsteil „Handlungsspezifische Qualifikationen" ist für jede integrative schriftliche Situationsaufgabe, die praktische Aufgabe, das Fachgespräch und die Gesprächssimulation jeweils eine Note aus der Punktebewertung der Prüfungsleistung zu bilden.
(4) Die Prüfung ist insgesamt bestanden, wenn im Prüfungsteil „Grundlegende Qualifikationen" in allen Prüfungsbereichen mindestens ausreichende Leistungen erbracht wurden und im Prüfungsteil „Handlungsspezifische Qualifikationen" in jeder integrativen schriftlichen Situationsaufgabe, der praktischen Aufgabe, dem Fachgespräch und der Gesprächssimulation jeweils eine mindestens ausreichende Leistung erbracht wurde.
(5) Über das Bestehen der Prüfung ist jeweils ein Zeugnis nach der Anlage 1 und der Anlage 2 auszustellen. Im Fall der Freistellung nach § 6 sind Ort und Datum der anderweitig abgelegten Prüfung sowie die Bezeichnung des Prüfungsgremiums anzugeben. Der Nachweis über den Erwerb der berufs- und arbeitspädagogischen Kenntnisse nach § 3 Absatz 5 ist im Zeugnis einzutragen.

§ 8 Wiederholen der Prüfung

(1) Ein Prüfungsteil, der nicht bestanden ist, kann zweimal wiederholt werden.
(2) Mit dem Antrag auf Wiederholung wird der Prüfungsteilnehmer oder die Prüfungsteilnehmerin von einzelnen Prüfungsleistungen befreit, wenn die dort in einer vorangegangenen Prüfung erbrachten Leistungen mindestens ausreichend sind und der Prüfungsteilnehmer oder die Prüfungsteilnehmerin sich innerhalb von zwei Jahren, gerechnet vom Tage der nicht bestandenen Prüfung an, zur Wiederholungsprüfung angemeldet hat.

Bestandene Prüfungsleistungen können auf Antrag einmal wiederholt werden. In diesem Fall gilt das Ergebnis der letzten Prüfung.

§ 9 Übergangsvorschriften

Begonnene Prüfungsverfahren können bis zum Ablauf des 31. Juli 2011 nach den bisherigen Vorschriften zu Ende geführt werden. Auf Antrag kann die zuständige Stelle die Wiederholungsprüfung auch nach dieser Verordnung durchführen; § 8 Absatz 2 findet in diesem Fall keine Anwendung. Im Übrigen kann bei der Anmeldung zur Prüfung bis zum Ablauf des 31. Juli 2011 die Anwendung der bisherigen Vorschriften beantragt werden.

§ 10 Inkrafttreten, Außerkrafttreten

Diese Verordnung tritt am 1. April 2009 in Kraft.

Anlage 1 (zu § 7 Absatz 5)
Muster

(Fundstelle: BGBl. I 2009, 519)

(Bezeichnung der zuständigen Stelle)
Zeugnis
über die Prüfung zum anerkannten Abschluss
Geprüfter Tierpflegemeister/Geprüfte Tierpflegemeisterin
Herr/Frau
geboren am   in
hat am   die Prüfung zum anerkannten Abschluss
Geprüfter Tierpflegemeister/Geprüfte Tierpflegemeisterin
nach der Verordnung über die Prüfung zum anerkannten Abschluss Geprüfter Tierpflegemeister/Geprüfte Tierpflegemeisterin vom 16. März 2009 (BGBl. I S. 513) bestanden.
Datum
Unterschrift(en)
(Siegel der zuständigen Stelle)

Anlage 2 (zu § 7 Absatz 5)
Muster

(Fundstelle: BGBl. I 2009, 520)

(Bezeichnung der zuständigen Stelle)

Zeugnis

über die Prüfung zum anerkannten Abschluss
Geprüfter Tierpflegemeister/Geprüfte Tierpflegemeisterin

Herr/Frau
geboren am   in
hat am   die Prüfung zum anerkannten Abschluss
Geprüfter Tierpflegemeister/Geprüfte Tierpflegemeisterin
nach der Verordnung über die Prüfung zum anerkannten Abschluss Geprüfter Tierpflegemeister/Geprüfte Tierpflegemeisterin vom 16. März 2009 (BGBl. I S. 513) mit folgenden Ergebnissen bestanden:

                                        Punkte[1]   Note[2]

I. Grundlegende Qualifikationen
   Prüfungsbereiche:
   Rechtsbewusstes Handeln
   Betriebswirtschaftliches Handeln
   Zusammenarbeit im Betrieb
   (Im Fall des § 6: „Der Prüfungsteilnehmer/Die Prüfungsteilnehmerin wurde nach § 6 im Hinblick auf die am
   in vor abgelegte Prüfung in dem
   Prüfungsteil/Prüfungsbereich freigestellt.")

II. Handlungsspezifische Qualifikationen

                                        Punkte[1]   Note[2]

   1. Situationsaufgabe im Handlungsfeld
      „Betriebstechnik"
   2. Praktische Aufgabe im Handlungsfeld
      „Betriebstechnik"
   3. Situationsaufgabe im Handlungsfeld
      „Betriebsorganisation"
   4. Fachgespräch im Handlungsfeld
      „Führung und Personal"
   5. Gesprächssimulation im Handlungsfeld
      „Führung und Personal"
   (Im Fall des § 6: „Der Prüfungsteilnehmer/Die Prüfungsteilnehmerin wurde nach § 6 im Hinblick auf die am
   in vor abgelegte Prüfung in dem
   Prüfungsteil/Prüfungsbereich freigestellt.")

III. Berufs- und arbeitspädagogische Qualifikationen
   Der Prüfungsteilnehmer/Die Prüfungsteilnehmerin hat nach § 3 Absatz 5 den Nachweis über den Erwerb der berufs- und arbeitspädagogischen Kenntnisse durch die Prüfung am
   in
   vor erbracht.

Datum
Unterschrift(en)
(Siegel der zuständigen Stelle)

[1]

2) Den Bewertungen liegt folgender Punkteschlüssel zugrunde:

Die Gesamtnote für den Prüfungsteil „Grundlegende Qualifikationen" wird aus dem arithmetischen Mittel der Punktebewertungen gebildet.